ET SI ON CUISINAIT AVEC NOS ENFANTS DES GÂTEAUX

Maryet Linda

Time Cooking Édition

Time Cooking Édition
60 Rue du docteur Patry
37800
Sainte Maure de Touraine

Illustration :
Maryet Linda

Auteur :
Maryet Linda

Edition :
Time Cocking Édition

© Time Cooking Édition. Tous droits réservés. Aucune partie de cette publication ne peut être reproduite, distribuée ou transmise dans quelque format ou par quelque moyen que ce soit, qu'il s'agisse de photocopie, d'enregistrement ou d'autres méthodes électronique ou mécanique, sans la permission écrite préalable de l'éditeur, à l'exception de brèves citations dans le cadre d'une revue critique et de certains autres usages non-commerciaux autorisés par la loi sur les droits d'auteur.

ENCOURAGER LES ENFANTS À CUISINER

Lorsque vous faite participer votre enfant lors de l'élaboration d'un repas, cela développe chez lui un grand intérêt pour les aliments et les saveurs diverses.

Il est aussi plus enclin à goûter un plat auquel il a participer.
Cuisiner permet à votre enfant de développer sa créativité, sa confiance en lui ainsi que son autonomie.

Ce moment de partage de développer ainsi sa dextérité et sa motricité fine.

Selon l'âge de votre enfant, pratiquez ensemble la lecture, les mathématiques (unités de mesure, fractions, multiplications ou divisions), de la recette en question.

Encouragez même vos p'tits loups à participer à l'achat des ingrédients lors de vos courses.

Préparer le repas ou des pâtisseries est une créativité très appréciée par les enfants. Malaxer, préparer, calculer, touiller, nettoyer, assaisonner, tant de verbes pour familiariser vos enfants à la cuisine.

Enseignez à votre enfant des règles de sécurité de base dans la cuisine. Dites-lui où il peut se brûler ou se couper, sans lui faire peur, mais simplement en lui expliquant les risques. Montrez-lui comment utiliser un couteau, une râpe, un couteau économe (éplucheur), un ouvre-boîte, etc. Regardez ensemble des tutoriels en vidéos.

Assurez-vous d'avoir suffisamment de temps. Si vous êtes pressé, vous risquez de vous sentir retardé et stressé. Votre patience est un ingrédient indispensable pour que votre enfant et vous soyez heureux de cuisiner ensemble.

LE BUT DU LIVRE

- Éveiller les sens des tout petits dans la cuisine
- Former des apprentis petit chef
- Partager un moment inoubliable en famille
- Rendre autonome vos enfants
- Développer une curiosité pour les préparations culinaire
- Ouvrir l'appétit de vos bambins

DÉVELOPPER DE BONNES HABITUDES ALIMENTAIRES

Beaucoup d'enfants refusent de manger de nouveaux aliments par peur de l'inconnu. Le fait de renifler, manipuler, peser, couper et nommer les aliments les encourage à y goûter. La transmission culinaire joue donc un rôle d'éducation alimentaire majeur. Les petits chefs seront aussi plus enclins à consommer des plats équilibrés plutôt que des aliments transformés industriels. Si votre enfant grimace face à une assiette de légumes verts, le fait de les cuisiner avec lui peut l'inciter à changer d'avis. C'est pour cela que dans l'ensemble, les nutritionnistes encouragent la création d'ateliers de cuisine parents-enfants.

« APPRENDRE LA DISCIPLINE ET L'AUTONOMIE »

« CUISINER LEUR PLAIT CAR C'EST UNE ACTIVITE DE LA VRAIE VIE, C'EST UN TRAVAIL, PAS UN JEU FACTICE »

QUEL BENEFICE ?

« UN PLAISIR IMMENSE ENTRE PARENTS ET ENFANTS »

1. LIRE LA RECETTE, SON NIVEAU DE DIFFICULTE, SON TEMPS DE PREPARATION ...

2. PREPARER VOTRE ENVIRONNEMENT AFIN DE FAIRE VOTRE RECETTE

3. PREPARER LES INGREDIENTS NECESSAIRES AINSI QUE LES USTENSILES

4. ACCOMPAGNER VOTRE ENFANT DANS LES TACHES DEMANDEES LORS DES ETAPES DE LA RECETTE

5. DEGUSTER ET APPRECIER EN FAMILLE

GATEAU AU CARAMBAR

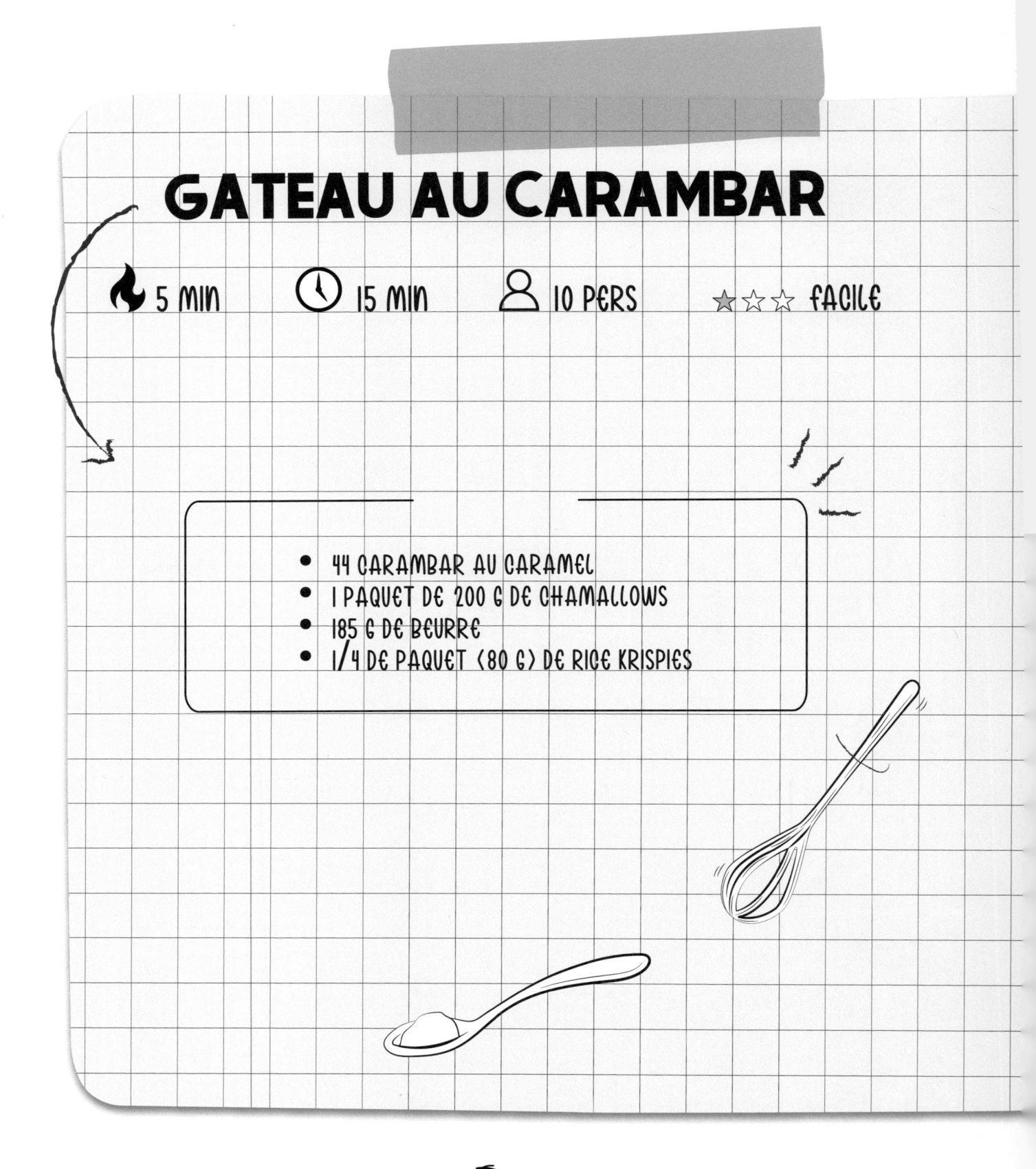

🔥 5 MIN   🕐 15 MIN   👤 10 PERS   ★☆☆ FACILE

- 44 CARAMBAR AU CARAMEL
- 1 PAQUET DE 200 G DE CHAMALLOWS
- 185 G DE BEURRE
- 1/4 DE PAQUET (80 G) DE RICE KRISPIES

PRÊT EN MOINS DE 20 MIN

1. METTEZ DANS UN GRAND SALADIER EN PYREX, EN GRÈS OU EN PORCELAINE TOUS LES CARAMBAR, LES CHAMALLOWS ET LE BEURRE. GLISSEZ LE SALADIER AU FOUR À MICRO-ONDES ET LAISSEZ CUIRE 5 MN À PUISSANCE MAXIMALE.

2. LISSEZ LE TOUT, UNE FOIS LA CUISSON TERMINÉE, AVEC UNE SPATULE EN SILICONE : LA PATE DOIT FORMER UN RUBAN. INCORPOREZ LES RICE KRISPIES. ÉTALEZ LA PATE DANS UN MOULE EN SILICONE RECTANGULAIRE ET LAISSEZ REFROIDIR. LAISSEZ REPOSER 12 H AU RÉFRIGÉRATEUR AVANT DE DÉCOUPER EN MORCEAUX ET DE CROQUER.

> « LE PLUS LONG, C'EST D'OUVRIR LES CARAMBAR ET DE LIRE TOUTES LES BLAGUES... »

COOKIES AMÉRICAINS

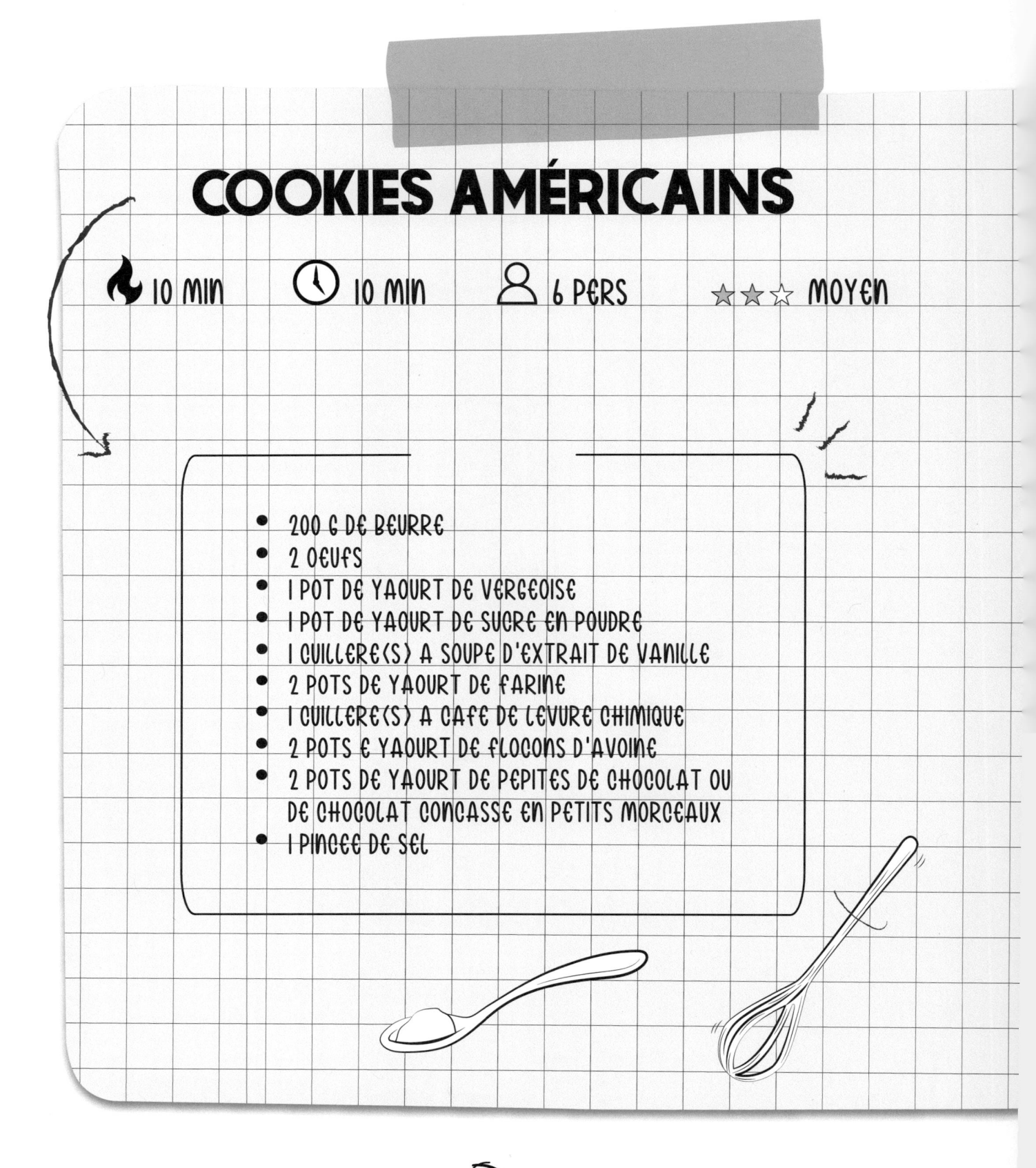

🔥 10 MIN   🕐 10 MIN   👤 6 PERS   ★★☆ MOYEN

- 200 G DE BEURRE
- 2 OEUFS
- 1 POT DE YAOURT DE VERGEOISE
- 1 POT DE YAOURT DE SUCRE EN POUDRE
- 1 CUILLERE(S) A SOUPE D'EXTRAIT DE VANILLE
- 2 POTS DE YAOURT DE FARINE
- 1 CUILLERE(S) A CAFE DE LEVURE CHIMIQUE
- 2 POTS E YAOURT DE FLOCONS D'AVOINE
- 2 POTS DE YAOURT DE PEPITES DE CHOCOLAT OU DE CHOCOLAT CONCASSE EN PETITS MORCEAUX
- 1 PINCEE DE SEL

PRÊT EN MOINS DE 20 MIN

1. FAITES FONDRE LE BEURRE DANS UNE CASSEROLE A FEU MOYEN.

2. DANS UN SALADIER, FOUETTEZ LES OEUFS AVEC LA VERGEOISE, LE SUCRE EN POUDRE, L'EXTRAIT DE VANILLE, PUIS LE BEURRE FONDU, JUSQU'A CE QUE LE MELANGE SOIT BIEN CREMEUX. AJOUTEZ LA FARINE, LA LEVURE, LES FLOCONS D'AVOINE ET LE SEL. MELANGEZ, PUIS INCORPOREZ LE CHOCOLAT.

3. PRECHAUFFEZ LE FOUR A TH. 6/ 180°.

4. PRELEVEZ 1 GROSSE CUILLERE A CAFE DE LA PREPARATION ET DEPOSEZ-LA SUR UNE PLAQUE ALLANT AU FOUR RECOUVERTE DE PAPIER CUISSON. CONTINUEZ AINSI EN ESPACANT LES CUILLEREES CAR LA PATE VA S'ETALER A LA CUISSON.

5. GLISSEZ LA PLAQUE AU FOUR ET LAISSEZ CUIRE 10 MN : LES COOKIES DOIVENT ETRE JUSTE DORES SUR LES BORDS ET PARAITRE MEME PAS CUITS AU MILIEU.

6. LAISSEZ-LES REFROIDIR SUR UNE GRILLE AVANT DE LES DEGUSTER.

GATEAU TATIN AUX POMMES

🔥 45 MIN   🕐 10 MIN   👤 4 PERS   ★☆☆ FACILE

- 3 POMMES, 40 G DE BEURRE
- 3/4 DE POT A YAOURT DE BEURRE FONDU
- 2 CUILLERE(S) A SOUPE DE SUCRE
- 2 POTS A YAOURT DE SUCRE
- 1 YAOURT
- 3 POTS A YAOURT DE FARINE
- 1 SACHET DE LEVURE TAMISEE
- 3 OEUFS

PRÊT EN MOINS DE 55 MIN

1. Préchauffez le four à th. 6/180°. Beurrez un moule à manqué de 22 cm de diamètre environ. Coupez 3 pommes en tranches fines et faites-les revenir à la poêle avec 30 g de beurre. Saupoudrez de 2 c. à soupe de sucre et faites caraméliser pendant 2-3 mn.

2. Rangez les pommes au fond du moule. Dans un saladier, fouettez 1 yaourt avec 2 pots à yaourt de sucre et 1 pincée de sel. Ajoutez 3 pots à yaourt de farine et 1 sachet de levure tamisée. Incorporez 3 oeufs et 3/4 de pot à yaourt de beurre fondu. Mélangez bien.

3. Recouvrez les pommes de pâte, et faites cuire pendant 40 mn environ. Laissez refroidir, puis démoulez.

> Vous pouvez remplacer 1 pot de farine par 1 pot de poudre d'amandes ou de noisettes et remplacez le sucre pour faire revenir les pommes par la même quantité de miel.

MINI MADELEINES

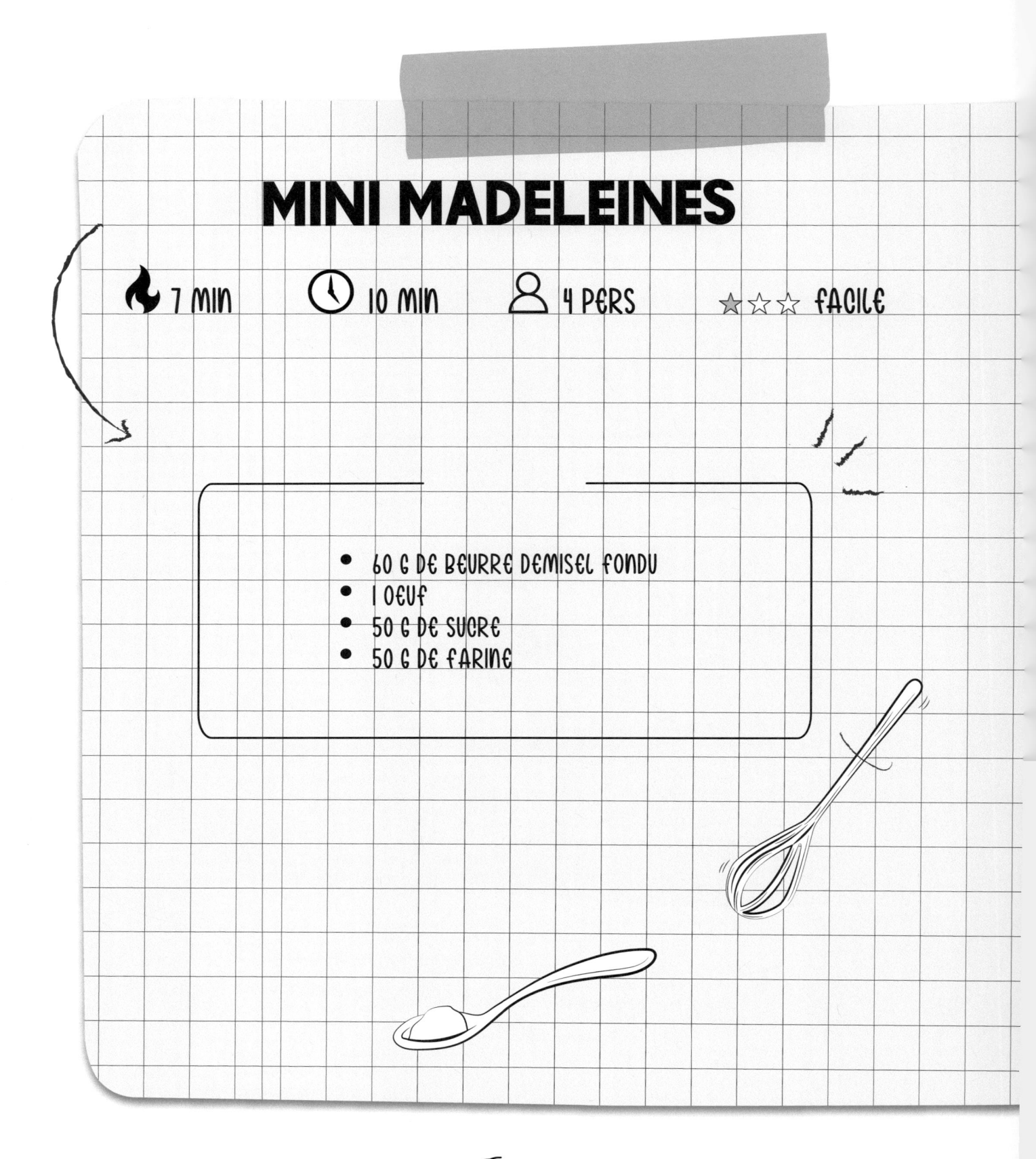

🔥 7 MIN   🕐 10 MIN   👤 4 PERS   ★☆☆ FACILE

- 60 G DE BEURRE DEMISEL FONDU
- 1 OEUF
- 50 G DE SUCRE
- 50 G DE FARINE

PRÊT EN MOINS DE 17 MIN

1. PRECHAUFFEZ LE FOUR A 190 °C (TH. 6 1/2).

2. BEURREZ BIEN LES MOULES.

3. FOUETTEZ ENSEMBLE L'OEUF ET LE SUCRE JUSQU'A CE QUE LE MELANGE DOUBLE DE VOLUME ET DEVIENNE BLANC ET EPAIS.

4. TAMISEZ LA FARINE SUR LA PREPARATION OEUF-SUCRE PUIS MELANGEZ DOUCEMENT EN SOULEVANT AVEC UNE CUILLERE.

5. AJOUTEZ LE BEURRE FONDU TIEDI ET MELANGEZ DE NOUVEAU.

6. VERSEZ LA PATE DANS LES MOULES PUIS ENFOURNEZ 5 A 7 MN : SURVEILLEZ BIEN LA CUISSON !

7. SERVEZ CES MADELEINES SANS ATTENDRE (ELLES SERONT PLUS MOELLEUSES), ACCOMPAGNEES DE CONFITURE ET D'UN BON THE.

TARTE AU CITRON

🔥 60 MIN   🕐 20 MIN   👤 4 PERS   ★★☆ MOYEN

- 250 G DE FARINE
- 125 G DE BEURRE
- 60 G DE SUCRE
- 1 OEUF
- POUR LA GARNITURE
- 5 CITRONS
- 5 OEUFS
- 250 G DE SUCRE
- 225 G DE BEURRE MOU

PRÊT EN MOINS DE 80 MIN

1 POUR LA PATE : DANS UN SALADIER, BATTEZ L'OEUF ET LE SUCRE AVEC 1 PINCEE DE SEL. VERSEZ LA FARINE, PUIS LE BEURRE EN MORCEAUX. TRAVAILLEZ ENTRE LES PAUMES DE VOS MAINS POUR OBTENIR UNE BOULE LISSE. METTEZ AU FRAIS 1 H.

2 PRECHAUFFEZ LE FOUR A TH. 6/180°.

3 POUR LA GARNITURE : MELANGEZ LE SUCRE AVEC LES OEUFS, LE BEURRE MOU ET 1 PINCEE DE SEL. VERSEZ DANS UNE CASSEROLE AVEC LE JUS DES CITRONS ET FAITES CUIRE A FEU DOUX EN REMUANT POUR LAISSER EPAISSIR.

4 ETALEZ LA PATE DANS UN PLAT A TARTE, BEURREZ ET VERSEZ LA PREPARATION DESSUS. METTEZ AU FOUR ET LAISSEZ CUIRE 1 H.

BOULETTE AUX CÉRÉALES

🔥 15 MIN   🕐 10 MIN   👤 2 PERS   ★☆☆ FACILE

- POUR UNE VINGTAINE DE BOUCHÉES
- 100 G DE GRAINES DE TOURNESOL OU DE MÉLANGE DE GRAINES
- 100 G DE NOISETTES OU D'AMANDES ÉMONDÉES
- 200 G DE FLOCONS D'AVOINE
- 100 G DE CÉRÉALES TOUTES PRÊTES (CELLES QUE VOUS AVEZ SOUS LA MAIN)
- 125 G DE NOIX DE COCO RÂPÉE
- 200 G DE MÉLANGE DE FRUITS SECS
- 200 G DE CASSONADE
- 250 G DE GOLDEN SYRUP
- 200 G DE BEURRE DEMI-SEL

PRÊT EN MOINS DE 25 MIN

1. METTEZ LES GRAINES ET LES NOISETTES (OU AMANDES) DANS UNE POÊLE ET FAITES-LES DORER QUELQUES MINUTES. LAISSEZ-LES REFROIDIR COMPLÈTEMENT.

2. MÉLANGEZ L'AVOINE, LES CÉRÉALES, LA NOIX DE COCO ET LE MÉLANGE DE FRUITS SECS DANS UN GRAND SALADIER.

3. AJOUTEZ LES GRAINES REFROIDIES.

4. METTEZ LE SUCRE, LE SIROP ET LE BEURRE DANS UNE CASSEROLE, ET PORTEZ DOUCEMENT À ÉBULLITION.

5. LAISSEZ MIJOTER 2 OU 3 MN POUR QUE LE MÉLANGE ÉPAISSISSE.

6. VERSEZ LA PRÉPARATION DANS LES CÉRÉALES ET REMUEZ RAPIDEMENT. FAITES DES PETITES BOULETTES ENTRE LES PAUMES DE VOS MAINS ET LAISSEZ REFROIDIR ET DURCIR UNE HEURE OU DEUX.

> SI VOUS NE TROUVEZ PAS DE GOLDEN SYRUP, REMPLACEZ-LE PAR DU MIEL. VOUS POUVEZ AUSSI PASSER LES BOUCHÉES AU FOUR À 180 °C (TH. 6) PENDANT UNE VINGTAINE DE MINUTES POUR LES FAIRE DORER ET CARAMÉLISER.

COULANT AU CHOCOLAT

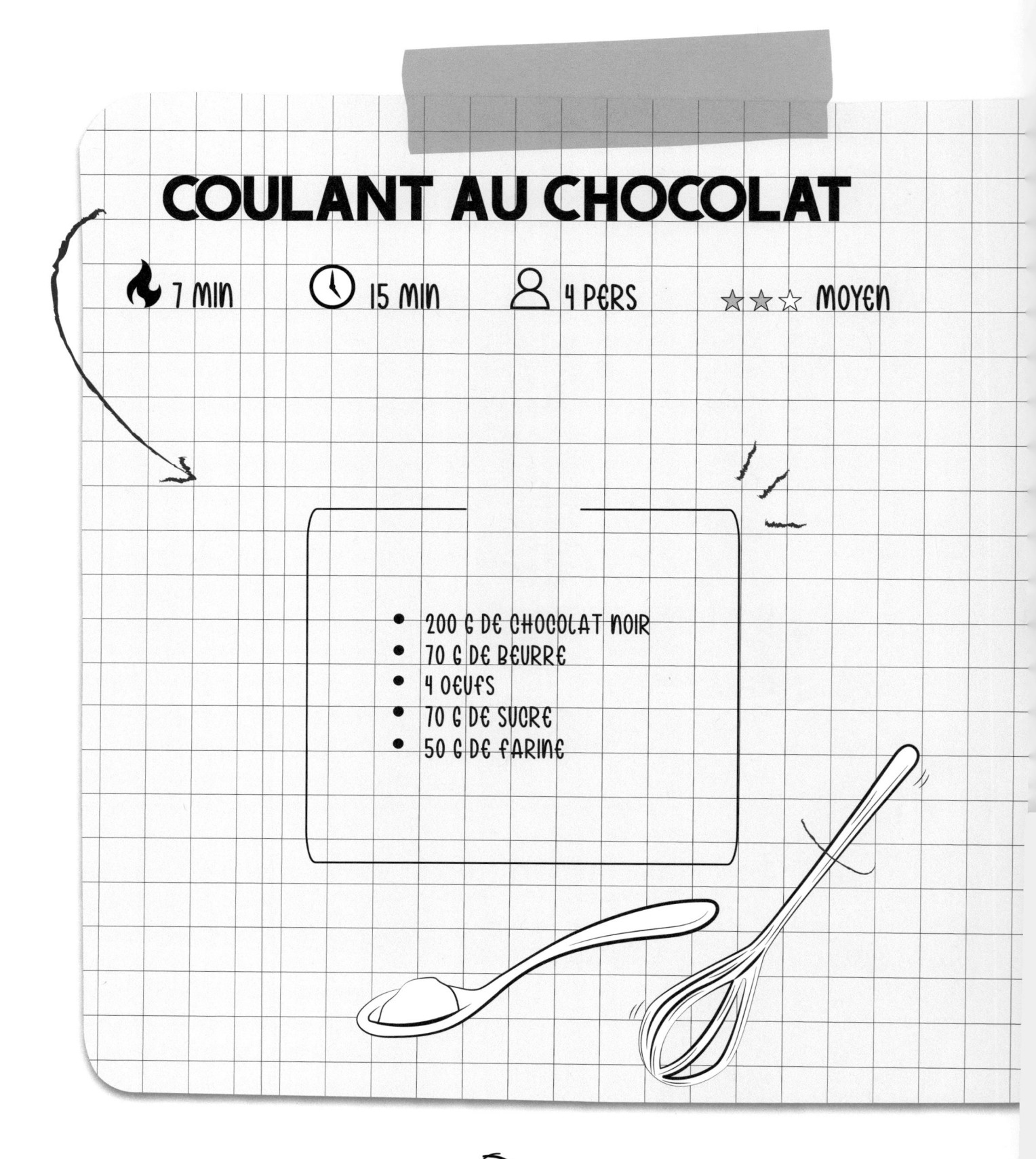

🔥 7 MIN　　🕐 15 MIN　　👤 4 PERS　　★★☆ MOYEN

- 200 G DE CHOCOLAT NOIR
- 70 G DE BEURRE
- 4 OEUFS
- 70 G DE SUCRE
- 50 G DE FARINE

PRÊT EN MOINS DE 22 MIN

1. FAITES FONDRE AU MICRO-ONDES LE CHOCOLAT NOIR CASSÉ EN MORCEAUX AVEC LE BEURRE.

2. FOUETTEZ LES OEUFS ET LE SUCRE JUSQU'À CE QUE LE MÉLANGE BLANCHISSE ET DEVIENNE MOUSSEUX. INCORPOREZ LE CHOCOLAT TIÉDI, MÉLANGEZ BIEN.

3. AJOUTEZ ENSUITE LA FARINE À LA SPATULE EN BOIS.

4. RÉPARTISSEZ LA PÂTE DANS DES MOULES BEURRÉS ET FARINÉS OU DANS DES CERCLES MUNIS DE PAPIER SULFURISÉ.

5. ENFOURNEZ À TH. 6-7/220° PENDANT 7 MN, PUIS LAISSEZ REPOSER 2 MN AVANT DE DÉMOULER LES COULANTS

MUFFINS DE FRAMBOISES

🔥 20 MIN   🕐 10 MIN   👤 12 PERS   ★☆☆ FACILE

- 4 OEUFS
- 200 G DE BEURRE
- 200 G DE FARINE
- 1 SACHET DE LEVURE CHIMIQUE
- 150 G DE SUCRE EN POUDRE
- 1 SACHET DE SUCRE VANILLE
- 1 CUILLERE(S) A SOUPE D'EAU DE ROSE
- 350 G DE FRAMBOISES (FRAICHES OU SURGELEES)
- 1 POIRE
- SUCRE GLACE
- SEL

PRÊT EN MOINS DE 30 MIN

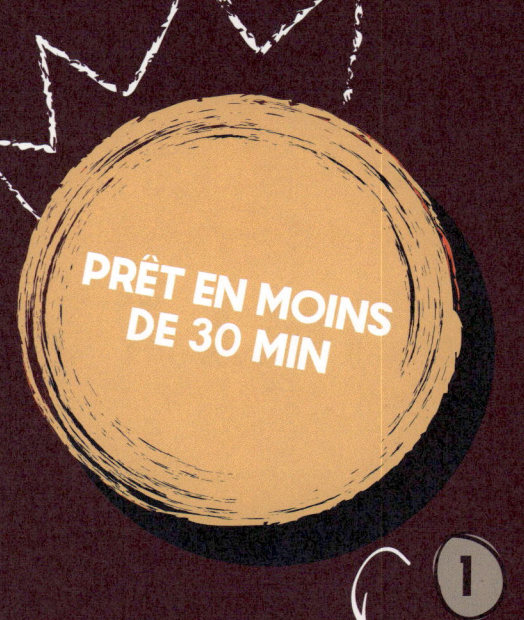

1. PRECHAUFFEZ LE FOUR TH. 6 (180 °C).

2. FAITES FONDRE LE BEURRE SUR FEU DOUX.

3. SEPAREZ LES BLANCS DES JAUNES D'OEUFS. FOUETTEZ LES JAUNES AVEC LES SUCRES JUSQU'A CE QUE LE MELANGE BLANCHISSE. VERSEZ LE BEURRE ET L'EAU DE ROSE EN BATTANT AU FOUET. MELANGEZ ENSEMBLE LA FARINE ET LA LEVURE ET AJOUTEZ-LES A LA PREPARATION.

4. PELEZ LA POIRE, COUPEZ-LA EN QUATRE, OTEZ LES PEPINS ET COUPEZ LA CHAIR EN DES, AJOUTEZ LES FRAMBOISES.

5. BATTEZ LES BLANCS EN NEIGE FERME AVEC UNE PINCEE DE SEL ET INCORPOREZ-LES EN SOULEVANT LA PATE AVEC UNE SPATULE.

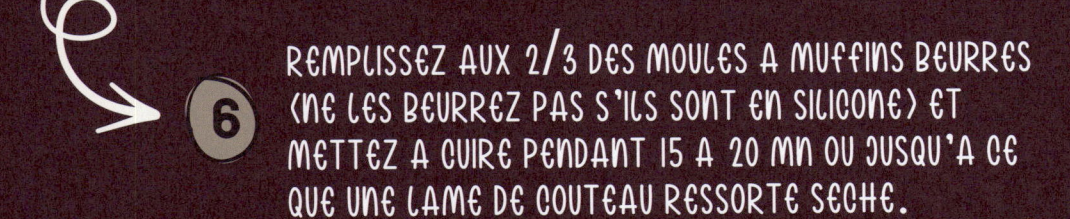

6. REMPLISSEZ AUX 2/3 DES MOULES A MUFFINS BEURRES (NE LES BEURREZ PAS S'ILS SONT EN SILICONE) ET METTEZ A CUIRE PENDANT 15 A 20 MN OU JUSQU'A CE QUE UNE LAME DE COUTEAU RESSORTE SECHE.

VOUS POUVEZ REALISER CETTE RECETTE EN UN SEUL GATEAU, DANS CE CAS COMPTEZ 40 MN DE CUISSON.

MADELEINES AU NUTELLA

🔥 10 MIN   🕒 15 MIN   👤 6 PERS   ★☆☆ FACILE

- 120 G DE FARINE
- 100 G DE SUCRE EN POUDRE
- 100 G DE BEURRE
- 3 OEUFS
- 1 SACHET DE LEVURE CHIMIQUE
- 1 CUILLERE(S) A SOUPE DE FLEUR D'ORANGER
- DU NUTELLA, QUANTITE A ADAPTER SELON VOTRE GOUT

PRÊT EN MOINS DE 25 MIN

1. PRÉCHAUFFEZ LE FOUR A 180°C.

2. MÉLANGEZ LES OEUFS AVEC LE SUCRE JUSQU'A CE QUE LE MELANGE BLANCHISSE.

3. AJOUTEZ LE BEURRE FONDU, MELANGEZ.

4. AJOUTEZ LA FARINE, LA LEVURE PUIS L'EXTRAIT DE VANILLE OU L'EAU DE FLEUR D'ORANGER.

5. DANS UN MOULE A MADELEINES, VERSEZ UNE CUILLEREE DE PREPARATION DANS CHAQUE EMPREINTE.

6. DEPOSEZ 1 C. A CAFE DE NUTELLA DANS CHAQUE EMPREINTE PUIS RECOUVREZ-LA PAR UNE AUTRE CUILLEREE DE PATE.

7. ENFOURNEZ PENDANT UNE DIZAINE DE MINUTES, JUSQU'A CE QUE LES MADELEINES SOIENT DOREES SUR LES COTES.

8. ATTENTION, LE TEMPS DE CUISSON VARIE SELON LES FOURS, VEILLEZ A BIEN SURVEILLER LA CUISSON.

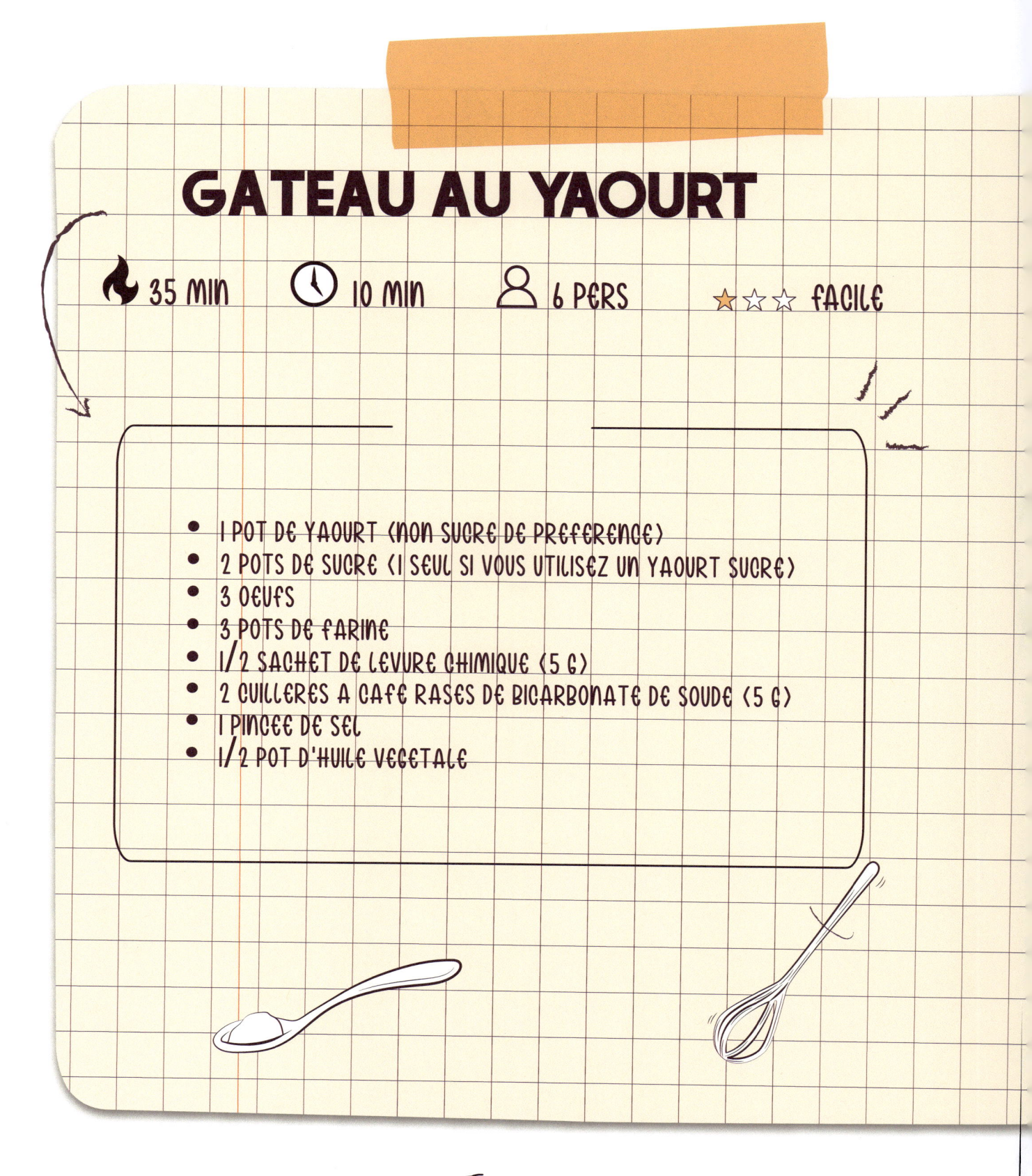

GATEAU AU YAOURT

🔥 35 MIN   🕐 10 MIN   👤 6 PERS   ★☆☆ FACILE

- 1 POT DE YAOURT (NON SUCRÉ DE PRÉFÉRENCE)
- 2 POTS DE SUCRE (1 SEUL SI VOUS UTILISEZ UN YAOURT SUCRÉ)
- 3 OEUFS
- 3 POTS DE FARINE
- 1/2 SACHET DE LEVURE CHIMIQUE (5 G)
- 2 CUILLERES A CAFE RASES DE BICARBONATE DE SOUDE (5 G)
- 1 PINCÉE DE SEL
- 1/2 POT D'HUILE VEGETALE

PRÊT EN MOINS DE 45 MIN

1. PRÉCHAUFFEZ LE FOUR A 180°C.

2. VERSEZ LE YAOURT, LES SUCRES ET LES OEUFS DANS UN SALADIER.

3. MELANGEZ BIEN.

4. INCORPOREZ LA FARINE TAMISEE (POUR EVITER LES GRUMEAUX), LA LEVURE, LE BICARBONATE ET LE SEL.

5. POUR UN GATEAU AU YAOURT PLUS LEGER, VOUS POUVEZ REMPLACER 1 POT DE FARINE PAR 1 POT DE FECULE DE MAIS.

6. MELANGEZ. INCORPOREZ L'HUILE ET MELANGEZ JUSQU'A AVOIR UNE BIEN BIEN LISSE ET HOMOGENE.

7. VERSEZ LA PREPARATION DANS UN MOULE A CAKE BEURRE ET FARINE.

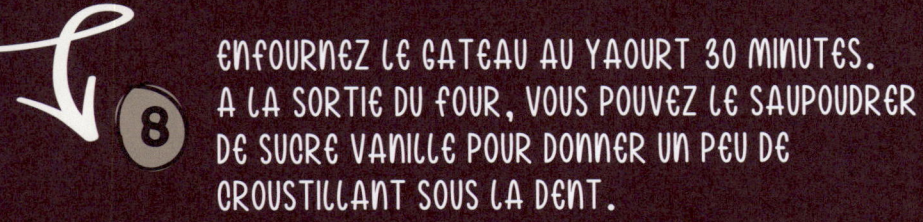

8. ENFOURNEZ LE GATEAU AU YAOURT 30 MINUTES. A LA SORTIE DU FOUR, VOUS POUVEZ LE SAUPOUDRER DE SUCRE VANILLE POUR DONNER UN PEU DE CROUSTILLANT SOUS LA DENT.

OURSONS À LA GUIMAUVE

🔥 3 H   🕐 30 MIN   👤 4 PERS   ★★☆ MOYEN

- 2 FEUILLES DE GÉLATINE (4 G)
- 120 G DE CHOCOLAT AU LAIT
- 80 G DE SUCRE
- 10 G DE SIROP DE GLUCOSE (VOUS POUVEZ EN TROUVER ICI)
- 20 G D'EAU
- 1 BLANC D'ŒUF
- 1 PINCÉE DE VANILLE EN POUDRE

PRÊT EN MOINS DE 210 MIN

1. Placez la gélatine dans un bol d'eau froide.

2. Faites fondre le chocolat au micro-ondes. Ici, pas besoin de tempérer le chocolat car les oursons ne sont pas entourés d'une coque dure.

3. Avec un pinceau de cuisine, répartissez le chocolat dans les moules en forme d'oursons. Placez le moule au réfrigérateur le temps d'avancer dans la recette.

4. Placez ensuite dans une casserole le sucre en poudre, l'eau et le sirop de glucose. Faites chauffer jusqu'à ce que la température atteigne 120°C.

5. Vous aurez ici besoin d'un thermomètre alimentaire. Si vous n'en avez pas, c'est assez indispensable en pâtisserie. Le Mastrad est super : il sonne quand il a atteint la bonne température, on peut le programmer, il est très simple d'utilisation et ses piles sont inusables !

6. Hors du feu, incorporez la gélatine. Parallèlement, commencez à fouetter le blanc en neige. Quand il devient mousseux, ajoutez le sucre cuit, puis la vanille en poudre. Continuez de fouetter jusqu'à ce que le mélange tiédisse. Placez le tout dans une poche à douille. Sortez les moules du réfrigérateur. Remplissez-les de guimauve encore liquide.

7. Lissez avec une spatule et laisser sécher à l'air libre pendant 2 heures. Refaites fondre le chocolat restant. Toujours avec le pinceau de cuisine, étalez une fine couche de chocolat sur les oursons, de façon à les recouvrir entièrement. Replacez environ 1 heure au réfrigérateur.
Démoulez les oursons délicatement. Si vous voyez que le chocolat se casse, placez le moule 15 minutes au congélateur, le démoulage sera plus facile.

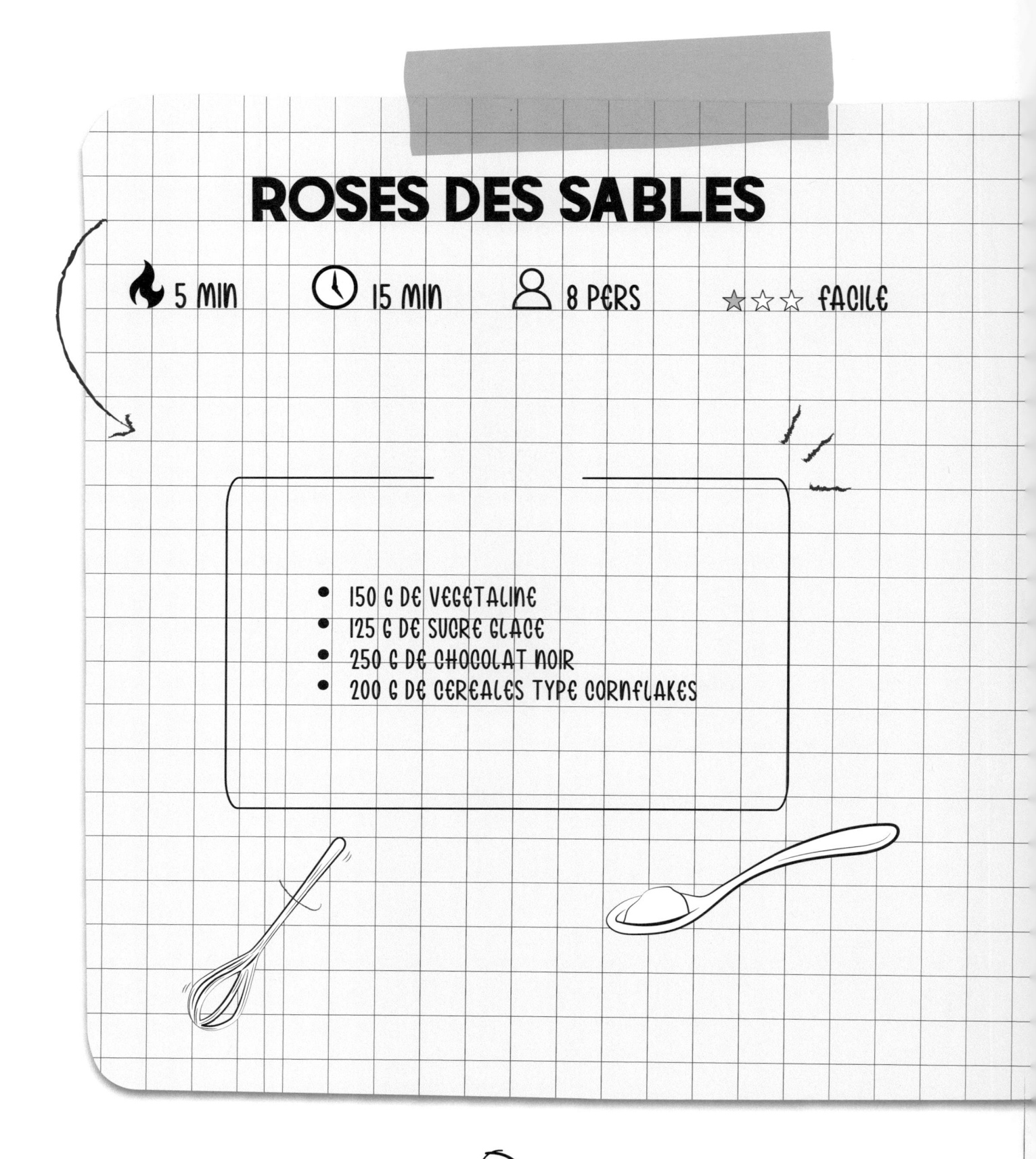

ROSES DES SABLES

🔥 5 MIN   🕒 15 MIN   👤 8 PERS   ★☆☆ FACILE

- 150 G DE VEGETALINE
- 125 G DE SUCRE GLACE
- 250 G DE CHOCOLAT NOIR
- 200 G DE CEREALES TYPE CORNFLAKES

PRÊT EN MOINS DE 20 MIN

1. FAITES FONDRE LA VEGETALINE DANS UNE CASSEROLE. PREVOYEZ UNE GRANDE CASSEROLE POUR QUE CE NE SOIT PAS TROP DIFFICILE A MELANGER QUAND VOUS AUREZ VERSE TOUS LES INGREDIENTS A L'INTERIEUR. AJOUTEZ LE SUCRE GLACE, PUIS LE CHOCOLAT.

2. QUAND LE MELANGE EST BIEN FONDU, VERSEZ LES CEREALES.

3. MELANGEZ JUSQU'A CE QUE LES CEREALES SOIENT COMPLETEMENT RECOUVERTES DE CHOCOLAT. NE VOUS INQUIETEZ PAS, AU DEPART, ON A TOUJOURS L'IMPRESSION QU'ON N'AURA PAS ASSEZ DE SAUCE, MAIS SI !

4. VERSEZ LES ROSES DES SABLES SUR UNE FEUILLE DE PAPIER SULFURISE. VOUS POUVEZ LES DISPOSER EN PETITS TAS OU LES ETALER EN PLAQUE, ET LES DETAILLER ENSUITE. J'OPTE POUR LA SECONDE OPTION, C'EST PLUS RAPIDE !

5. ATTENDEZ QUE LES ROSES DES SABLES SOIENT REFROIDIES AVANT DE LES DEGUSTER.

POUR LA PETITE HISTOIRE, ON APPELLE CE DESSERT "ROSE DES SABLES" CAR IL RESSEMBLE AUX ROSES DES SABLES QUE L'ON TROUVE DANS LE DESERT.

CUPCAKES À LA BANANE

🔥 20 MIN   🕐 40 MIN   👤 6 PERS   ★☆☆ FACILE

- 130 G DE FARINE
- 130 G DE SUCRE EN POUDRE
- 130 G DE BEURRE MOU
- 3 OEUFS
- 3 BANANES MURES
- 1 CUIL. A CAFE RASE DE LEVURE CHIMIQUE
- 50 G DE SUCRE GLACE
- 1 CUIL. A CAFE DE JUS DE CITRON
- 1 GOUTTE DE COLORANT JAUNE
- 1 GOUTTE DE COLORANT ROUGE

PRÊT EN MOINS DE 60 MIN

1. Préchauffez le four à th 6 (180°). Battez ensemble le beurre, le sucre, la farine et les œufs jusqu'à ce que le mélange soit bien lisse. Écrasez les bananes à la fourchette dans une assiette, poudrez-les de levure et mélangez. Ajoutez-les à la pâte.

2. Placez des caissettes en papier dans les alvéoles d'une plaque de cuisson à muffins (les caissettes doivent être de la même taille que les alvéoles, pour être maintenues).

3. Répartissez la pâte dans les caissettes et enfournez pour 15 à 20 min (vérifiez la cuisson avec la lame d'un couteau, elle doit ressortir sèche).

4. Laissez tiédir les gâteaux avant de les sortir de la plaque puis attendez qu'ils soient froids avant de les décorer.

5. Pour le glaçage, mélangez le sucre glace avec le jus de citron. Répartissez dans 2 bols et ajoutez dans chacun un colorant. Étalez-le avec le dos d'une cuillère sur le reste des gâteaux.

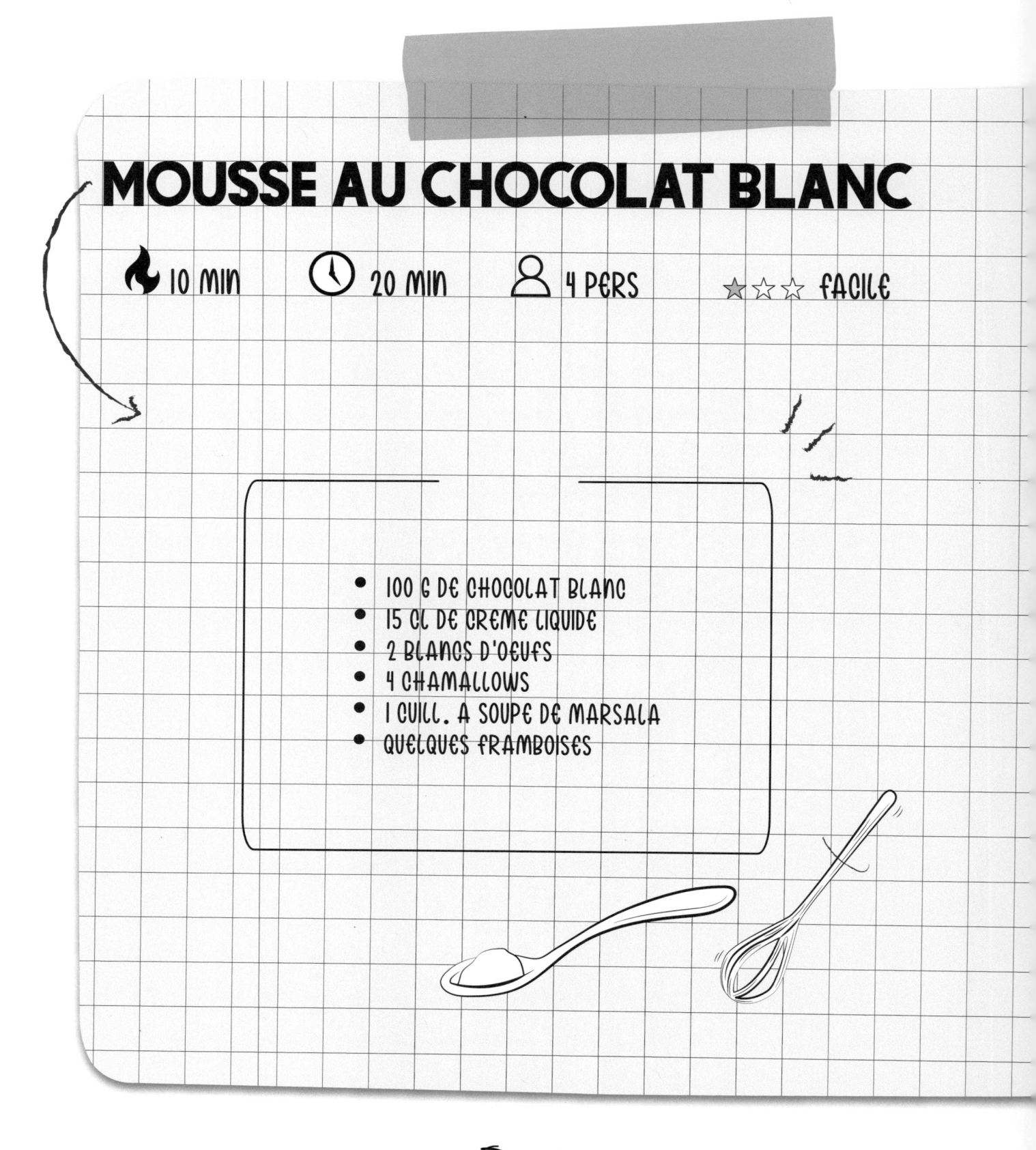

MOUSSE AU CHOCOLAT BLANC

🔥 10 MIN   🕐 20 MIN   👤 4 PERS   ★☆☆ FACILE

- 100 G DE CHOCOLAT BLANC
- 15 CL DE CREME LIQUIDE
- 2 BLANCS D'OEUFS
- 4 CHAMALLOWS
- 1 CUILL. A SOUPE DE MARSALA
- QUELQUES FRAMBOISES

PRÊT EN MOINS DE 30 MIN

1. Dans une casserole, faites fondre à feu doux les chamallows avec 2 cuillères à soupe d'eau tout en mélangeant. Réservez. Montez la crème liquide bien froide en chantilly.

2. Hachez en petits morceaux le chocolat blanc. Faites-le fondre dans un bol au bain-marie à feu très doux. Mélangez avec une cuillère en bois. Réservez.

3. Battez les blancs d'œufs en neige ferme avec une pincée de sel. Mélangez la crème chantilly avec le marsala, les chamallows fondus puis le chocolat blanc fondu.

4. Incorporez délicatement les blancs en neige à l'aide d'une spatule en bois. Versez dans 4 petits bols et réservez au réfrigérateur 1h minimum. Au moment de servir, décorez avec des framboises fraîches.

Vous pouvez aussi utiliser des suprêmes d'agrumes, de fines tranches d'ananas, des mirabelles ou des cerises pour décorer ces mousses.

BONHOMMES EN PAIN D'ÉPICE

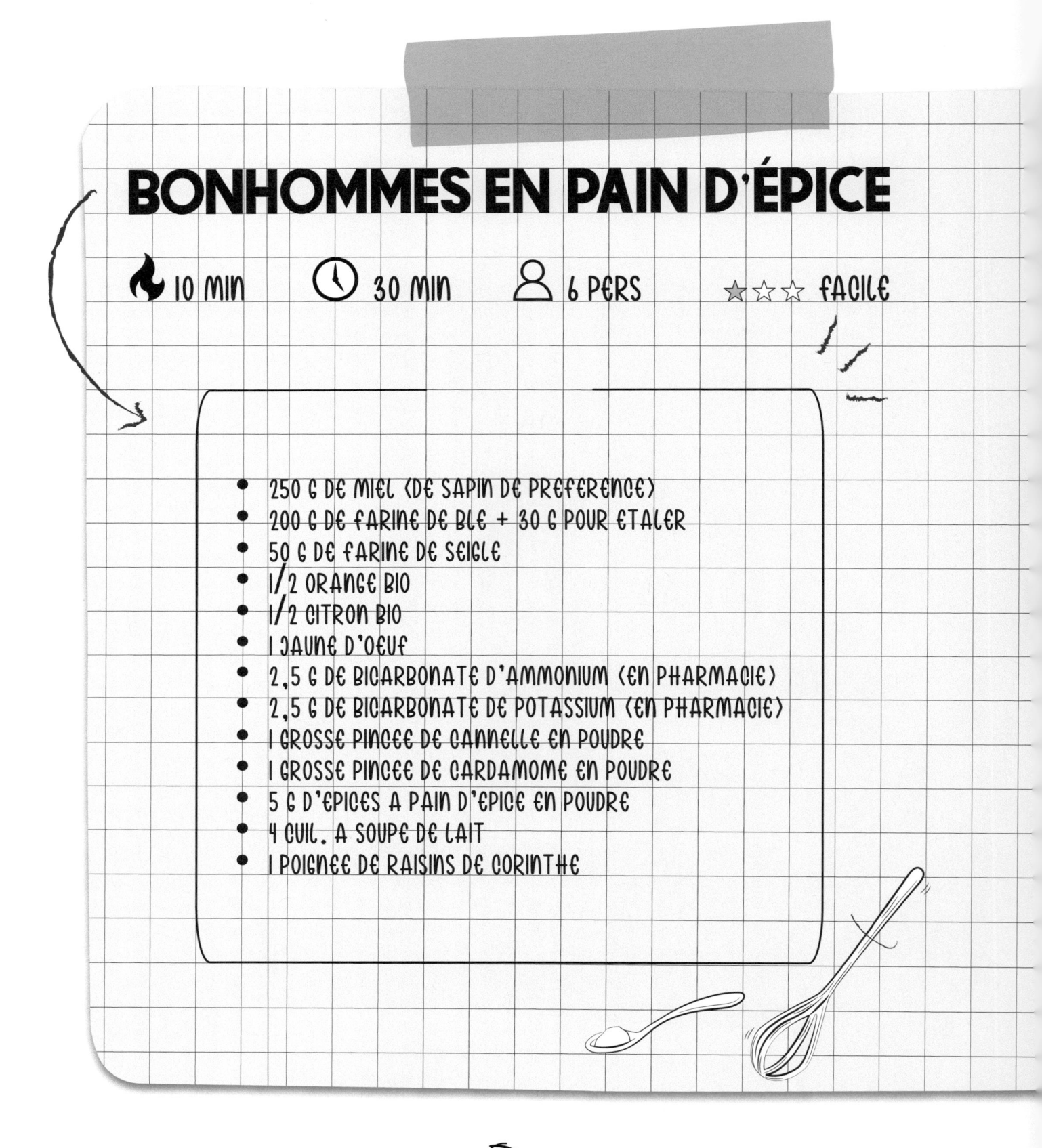

🔥 10 MIN   🕐 30 MIN   👤 6 PERS   ★☆☆ FACILE

- 250 G DE MIEL (DE SAPIN DE PRÉFÉRENCE)
- 200 G DE FARINE DE BLÉ + 30 G POUR ÉTALER
- 50 G DE FARINE DE SEIGLE
- 1/2 ORANGE BIO
- 1/2 CITRON BIO
- 1 JAUNE D'ŒUF
- 2,5 G DE BICARBONATE D'AMMONIUM (EN PHARMACIE)
- 2,5 G DE BICARBONATE DE POTASSIUM (EN PHARMACIE)
- 1 GROSSE PINCÉE DE CANNELLE EN POUDRE
- 1 GROSSE PINCÉE DE CARDAMOME EN POUDRE
- 5 G D'ÉPICES À PAIN D'ÉPICE EN POUDRE
- 4 CUIL. À SOUPE DE LAIT
- 1 POIGNÉE DE RAISINS DE CORINTHE

PRÊT EN MOINS DE 40 MIN

1. Préparez la pâte 5 à 7 jours avant de l'utiliser : faites tiédir le miel dans une casserole. Dans un saladier, mélangez les 200 g de farine de blé et la farine de seigle. Versez dessus le miel tiède. Mélangez cette pâte très ferme, puis couvrez de film étirable et réservez 5 à 7 jours à température ambiante.

2. Le jour venu, lavez les agrumes, séchez-les puis râpez finement leurs zestes. Diluez le bicarbonate d'ammonium dans 1 cuillerée à café d'eau et faites de même avec le bicarbonate de potassium.

3. Découpez la pâte en morceaux au couteau. Mettez-les dans le bol d'un robot équipé d'un crochet à pâte. Ajoutez les zestes râpés, les 2 bicarbonates dilués, les épices ainsi que le jaune d'œuf. Travaillez cette pâte pour bien mélanger tous les ingrédients, elle restera assez ferme.

4. Préchauffez le four à 170° (th 5/6). Sur un plan de travail fariné, étalez la pâte sur 3 mm d'épaisseur. En vous aidant d'un emporte-pièce (ou d'un patron en carton), découpez-y des bonshommes d'environ 10 cm de hauteur. Enfoncez légèrement 2 raisins à la place des yeux.

5. Posez les bonshommes sur une plaque à four tapissée de papier sulfurisé et badigeonnez-les de lait avec un pinceau. Enfournez pour 8 à 10 min, jusqu'à ce qu'ils soient gonflés et caramélisés.

6. Sortez les bonshommes du four et laissez-les refroidir sur une grille. Procédez à la décoration. Conservez-les dans une boîte hermétique ou individuellement dans des sachets en cellophane pour les offrir.

ZEBRA CHOCO VANILLA

🔥 25 MIN   🕐 30 MIN   👤 10 PERS   ★☆☆ FACILE

- 4 OEUFS
- 200 G DE SUCRE EN POUDRE
- 8 CL DE LAIT
- 90 G DE BEURRE FONDU
- 250 G DE FARINE
- 1/2 SACHET DE LEVURE
- 1 PINCÉE DE SEL
- 1 CUILLÈRE À CAFÉ D'EXTRAIT DE VANILLE LIQUIDE
- 3 CUILLÈRES À SOUPE RASES DE CACAO EN POUDRE NON SUCRÉ
- POUR LE GLAÇAGE :
- 100 G DE CHOCOLAT NOIR
- 50 G DE CRÈME LIQUIDE

PRÊT EN MOINS DE 55 MIN

1. Séparez les blancs des jaunes. Fouettez les jaunes avec le sucre jusqu'à ce que le mélange blanchisse. Ajoutez le lait, le beurre fondu, la farine, la levure et le sel.

2. Fouettez les blancs en neige et incorporez-les à la préparation.

3. Divisez les pâtes en deux parties égales. Dans la première, versez l'extrait de vanille liquide. Dans la seconde, incorporez le cacao en poudre.

4. Préchauffez le four à 180°.

5. Beurrez et farinez un moule rond (le mien est en silicone et fait 22 cm de diamètre). Prélevez une cuillerée à soupe de préparation à la vanille et versez-la au milieu du moule. Par dessus, versez une cuillerée à soupe de préparation au chocolat.

6. Continuez ainsi jusqu'à épuisement des deux pâtes. C'est un peu long, mais c'est de cette étape que dépendra vos zébrures !

7. Enfournez pour 25 minutes. Vérifiez la cuisson en plantant la lame d'un couteau au centre du gâteau. Elle doit ressortir sèche.

8. Pour le glaçage, faites fondre le chocolat puis ajoutez la crème liquide. Versez sur le gâteau et lissez avec une spatule ou la lame d'un couteau.

COOKIES AUX SMARTIES

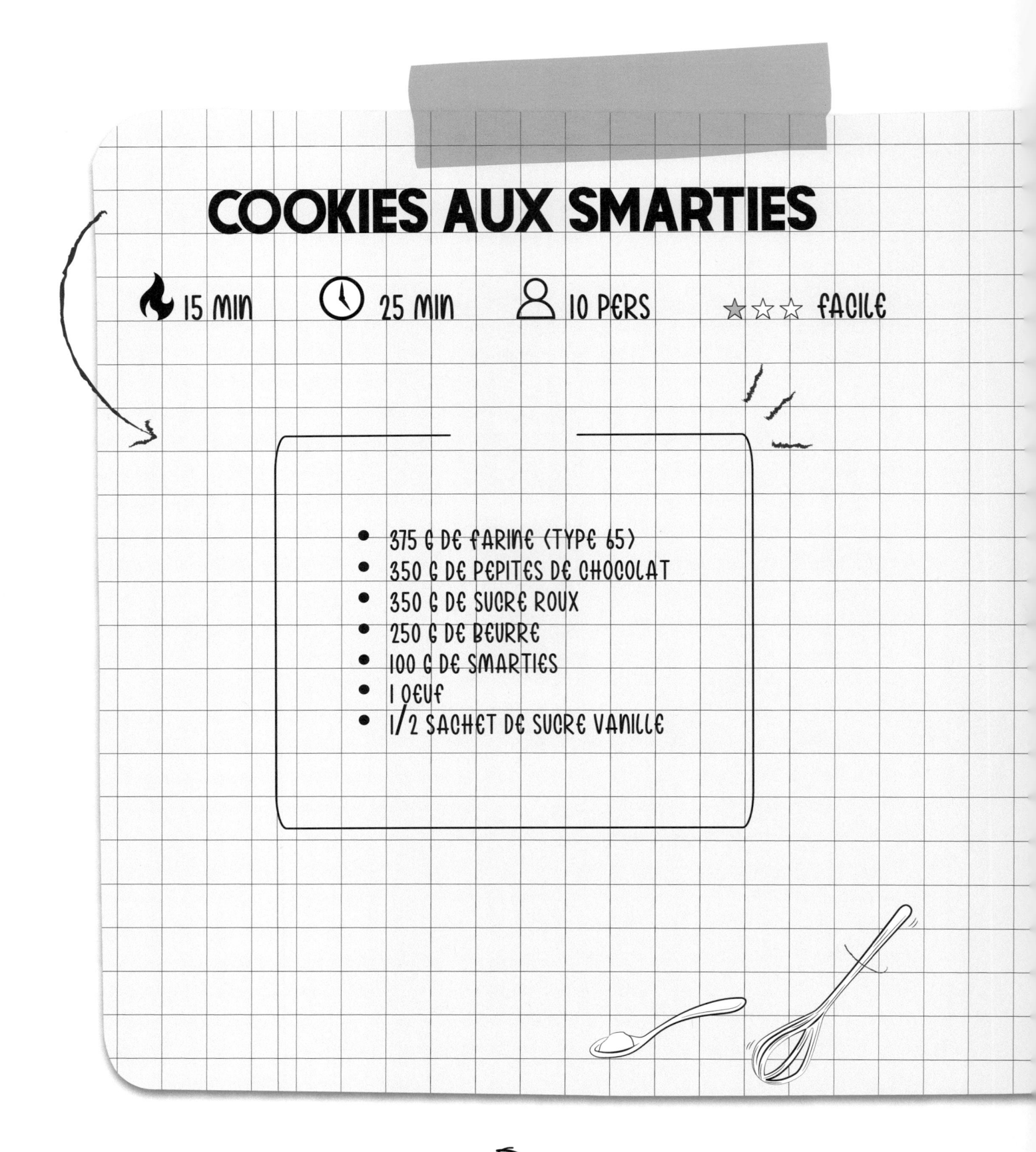

🔥 15 MIN   🕐 25 MIN   👤 10 PERS   ★☆☆ FACILE

- 375 G DE FARINE (TYPE 65)
- 350 G DE PEPITES DE CHOCOLAT
- 350 G DE SUCRE ROUX
- 250 G DE BEURRE
- 100 G DE SMARTIES
- 1 OEUF
- 1/2 SACHET DE SUCRE VANILLE

PRÊT EN MOINS DE 40 MIN

1 PRÉCHAUFFEZ VOTRE FOUR A TEMPÉRATURE MOYENNE (ENVIRON 135°C). DANS UN RÉCIPIENT, MÉLANGEZ BIEN LE SUCRE ET LE BEURRE RAMOLLI. AJOUTEZ L'OEUF, PUIS LE SUCRE VANILLÉ, ET MÉLANGEZ.

2 VERSEZ ENSUITE LES PÉPITES DE CHOCOLAT EN UNE SEULE FOIS, PUIS LA FARINE, QUE VOUS INCORPORFREZ PEU A PEU EN MÉLANGEANT A L'AIDE D'UN FOUET (OU, A DÉFAUT, D'UNE FOURCHETTE) JUSQU'A CE QUE LE MÉLANGE SOIT BIEN HOMOGÈNE.

3 POUR FORMER LES COOKIES, PRÉPAREZ A LA MAIN DES PETITES BOULES DE PATE DE 40 A 50 G PIÈCE QUE VOUS APLATIREZ ENSUITE LÉGÈREMENT.

4 DÉPOSEZ VOS COOKIES SUR UNE FEUILLE DE CUISSON DISPOSÉE SUR LA PLAQUE DU FOUR. IL NE VOUS RESTE PLUS QU'A LES LAISSER CUIRE PENDANT 15 MN.

5 UNE FOIS CES DERNIERS SORTIS DU FOUR IL FAUDRA TRÈS RAPIDEMENT Y METTRE LES SMARTIES EN LES ENFONÇANT LÉGÈREMENT DANS LA PATE. LAISSEZ REFROIDIR SUR UNE GRILLE AVANT DE DÉGUSTER.

> LES SMARTIES SONT AJOUTÉS APRÈS CUISSON CAR SINON ILS PERDRAIENT LEUR COULEUR. FAITES CUIRE LES COOKIES PAR SÉRIE DE 10CAR ILS PERDENT LEUR MOELLEUX EN REFROIDISSANT ET VOUS N'AUREZ ALORS PAS LE TEMPS D'ENFONCER LES SMARTIES DANS LES COOKIES ENCORE CHAUDS.

BANOFFEE

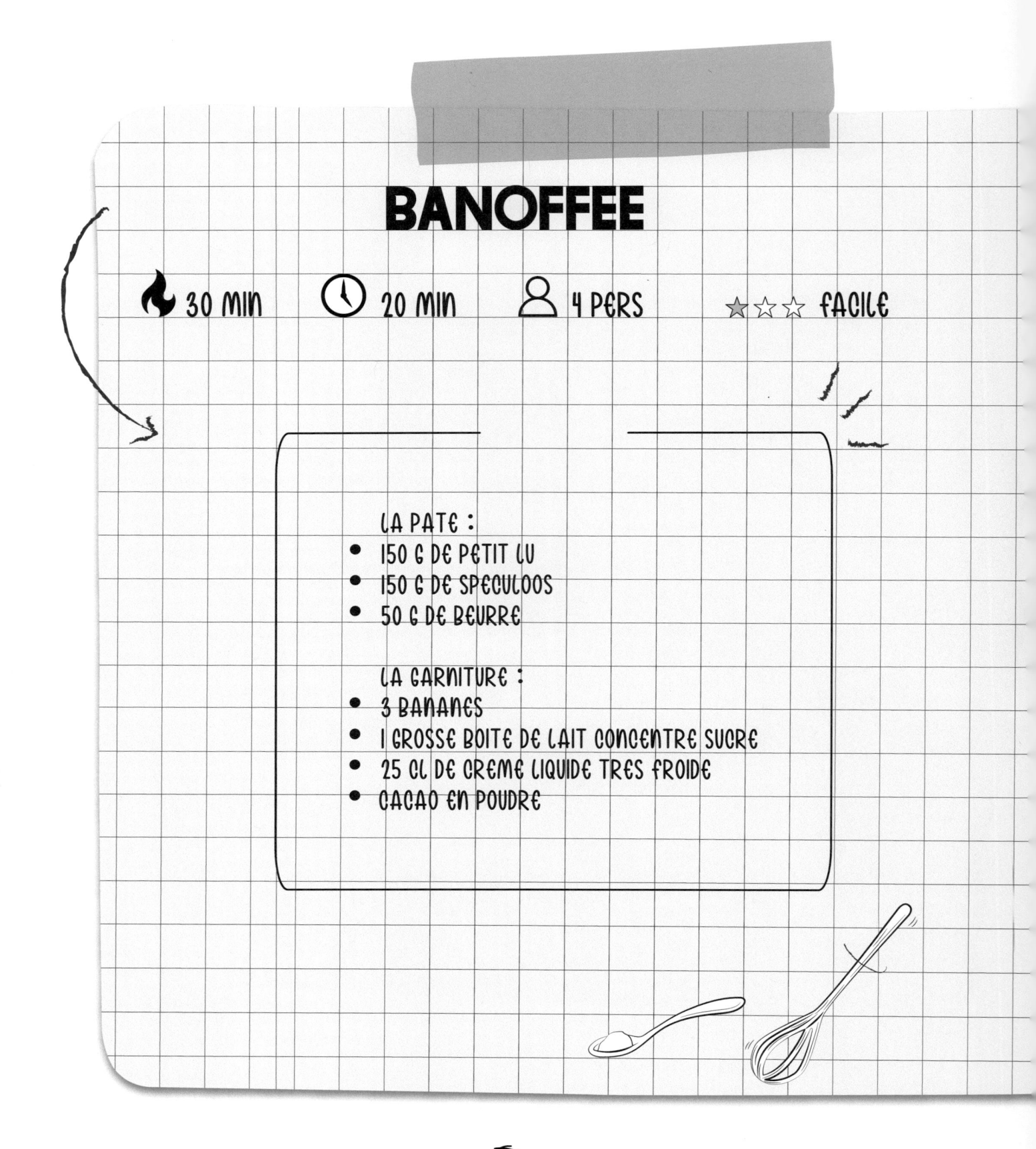

🔥 30 MIN 🕐 20 MIN 👤 4 PERS ★☆☆ FACILE

LA PATE :
- 150 G DE PETIT LU
- 150 G DE SPECULOOS
- 50 G DE BEURRE

LA GARNITURE :
- 3 BANANES
- 1 GROSSE BOITE DE LAIT CONCENTRE SUCRE
- 25 CL DE CREME LIQUIDE TRES FROIDE
- CACAO EN POUDRE

PRÊT EN MOINS DE 50 MIN

1 PREPAREZ LE BISCUIT : FAITES FONDRE LE BEURRE. MIXEZ PETIT LU ET SPECULOOS JUSQU'A OBTENTION D'UNE POUDRE, PUIS AJOUTEZ LE BEURRE. ETALEZ LA PREPARATION AU FOND D'UN MOULE ROND A CHARNIERE, ET RESERVEZ AU REFRIGERATEUR.

2 OUVREZ LA BOITE DE LAIT CONCENTRE ET POSEZ-LA DANS UNE CASSEROLE D'EAU FREMISSANTE : L'EAU DOIT ARRIVER AUX 2/3 DE LA BOITE. LAISSEZ CUIRE 30 MN ENVIRON, JUSQU'A CE QUE LE LAIT EPAISSISSE LEGEREMENT ET DEVIENNE ASSEZ DORE, COULEUR « TOFFEE », CARAMEL AU LAIT. MELANGEZ TOUTES LES 5 MN.

3 RETIREZ LE FOND DE PATE DU REFRIGERATEUR. COUPEZ LES BANANES EN RONDELLES EPAISSES ET POSEZ-LES SUR LA PATE. VERSEZ LE LAIT CARAMELISE.

4 FOUETTEZ LA CREME JUSQU'A CE QU'ELLE EPAISSISSE ET NAPPEZ-EN LES BANANES ET LE LAIT CARAMELISE. RESERVEZ AU REFRIGERATEUR 3 H ENVIRON.

5 SAUPOUDREZ LA CREME DE CACAO EN LE TAMISANT, ET DEMOULEZ LE BANOFFEE. SERVEZ AUSSITOT.

MOELLEUX À LA PISTACHE

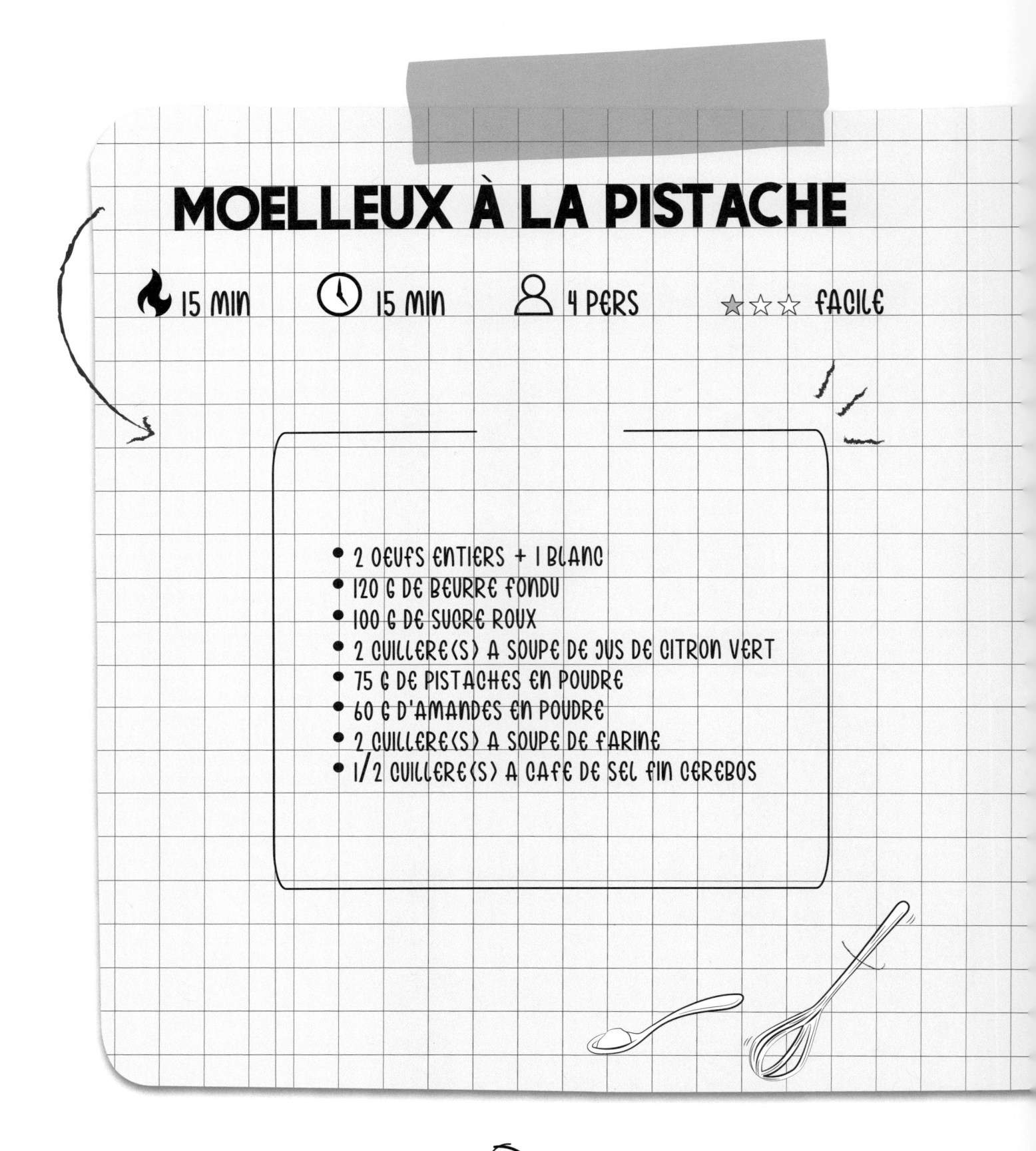

🔥 15 MIN   🕒 15 MIN   👤 4 PERS   ★☆☆ FACILE

- 2 OEUFS ENTIERS + 1 BLANC
- 120 G DE BEURRE FONDU
- 100 G DE SUCRE ROUX
- 2 CUILLERE(S) A SOUPE DE JUS DE CITRON VERT
- 75 G DE PISTACHES EN POUDRE
- 60 G D'AMANDES EN POUDRE
- 2 CUILLERE(S) A SOUPE DE FARINE
- 1/2 CUILLERE(S) A CAFE DE SEL FIN CEREBOS

PRÊT EN MOINS DE 30 MIN

1. PRÉCHAUFFEZ LE FOUR À 210 °C (TH 7). FAITES FONDRE LE BEURRE À FEU DOUX.

2. FOUETTEZ LES OEUFS, LE SEL FIN CEREBOS ET LE SUCRE JUSQU'À CE QUE LE MÉLANGE MOUSSE. AJOUTEZ LE BEURRE FONDU, LA FARINE, LA POUDRE D'AMANDE ET DE PISTACHE ET LE JUS DE CITRON EN REMUANT POUR OBTENIR UN MÉLANGE AÉRIEN.

3. BEURREZ DES MOULES RONDS INDIVIDUELS (TYPE MOULE À CRÈME BRÛLÉE) OU UN GRAND MOULE À MANQUÉ, VERSEZ LE MÉLANGE. ENFOURNEZ. DÉGUSTEZ TIÈDES.

ASTUCE CEREBOS : POUR PLUS DE CROQUANT, PARSEMEZ LES BISCUITS DE FLEUR DE SEL D'ALGARVE CEREBOS QUELQUES MINUTES AVANT DE SORTIR DU FOUR. POUR UNE NOTE ACIDULÉE, ENFONCEZ À MI-CUISSON QUELQUES FRAMBOISES DANS LA PÂTE.

TARTE FRAISES-RHUBARBE

🔥 25 MIN   🕐 20 MIN   👤 4 PERS   ★★☆ MOYEN

- 125 G DE FARINE
- 65 G DE SUCRE
- 1 OEUF
- 50 G DE BEURRE MOU
- 2 PINCÉES DE SEL
- 200 G DE RHUBARBE
- 500 G DE FRAISES
- 20 G DE SUCRE SEMOULE
- 1 CITRON VERT NON TRAITÉ
- 1 JUS DE CITRON

PRÊT EN MOINS DE 45 MIN

1 Mélangez le sucre et l'œuf, ajoutez le beurre, le sel puis la farine, en la tamisant. Lorsque vous obtenez une boule souple, enfermez-la dans un film et réservez durant 3 h au réfrigérateur.

2 Épluchez la rhubarbe et coupez-la en morceaux de 3 cm environ, que vous ferez cuire dans une casserole avec le sucre et le jus de citron, à feu doux, jusqu'à obtention d'une compote bien sèche. Laissez refroidir.

3 Allumez le four à 150 °C (th. 5). Retirez la pâte du réfrigérateur 15 mn environ avant de l'étaler. Garnissez-en un moule à tarte de 24 à 26 cm de diamètre. Piquez le centre de quelques coups de fourchette, puis couvrez d'un papier sulfurisé et de billes de faïence spécial cuisson à blanc (ou de légumes secs). Glissez au four et laissez cuire 15 mn, jusqu'à ce que la pâte soit blonde. Retirez billes et papier et continuez la cuisson durant 10 mn environ : la pâte doit prendre une jolie couleur dorée.

4 Retirez la pâte du four et laissez-la refroidir. Disposez la compote de rhubarbe, puis les fraises coupées en deux. Au dernier moment, parsemez la tarte de zestes de citron râpés et servez.

SOMMAIRE

GATEAU AU CARAMBAR	6
COOKIES AMERICAINS	8
GATEAU TATIN AUX POMMES	10
MINI MADELEINES	12
TARTE AU CITRON	14
BOULETTE AUX CEREALES	16
COULANT AU CHOCOLAT	18
MUFFINS DE FRAMBOISES	20
MADELEINES AU NUTELLA	22
GATEAU AU YAOURT	24
OURSONS A LA GUIMAUVE	26
ROSES DES SABLES	28
CUPCAKES A LA BANANE	30
MOUSSE AU CHOCOLAT BLANC	32
BONHOMMES EN PAIN D'EPICE	34
ZEBRA CHOCO VANILLA	36
COOKIES AUX SMARTIES	38
BANOFFEE	40
MOELLEUX A LA PISTACHE	42
TARTE FRAISES-RHUBARBE	44

L'AVIS DE TES PARENTS CONCERNANT TON TRAVAIL EN CUISINE

- ☐ MOYEN
- ☐ BIEN
- ☐ EXCELLENT

L'AVIS DE VOTRE ENFANT CONCERNANT LES RECETTES PROPOSÉES

- ☐ MOYEN
- ☐ BIEN
- ☐ EXCELLENT

VOTRE NOTE SUR 5 CONCERNANT CE LIVRE

/5

SI VOTRE ENFANT A PARTICIPÉ A L'ÉLABORATION DES RECETTES DE CE LIVRE ALORS UN CADEAU L'ATTENDS A LA FIN DE CELUI-CI !

RÉCUPÈRE TON DIPLÔME MAINTENANT !

DIPLOME DE PETIT CHEF

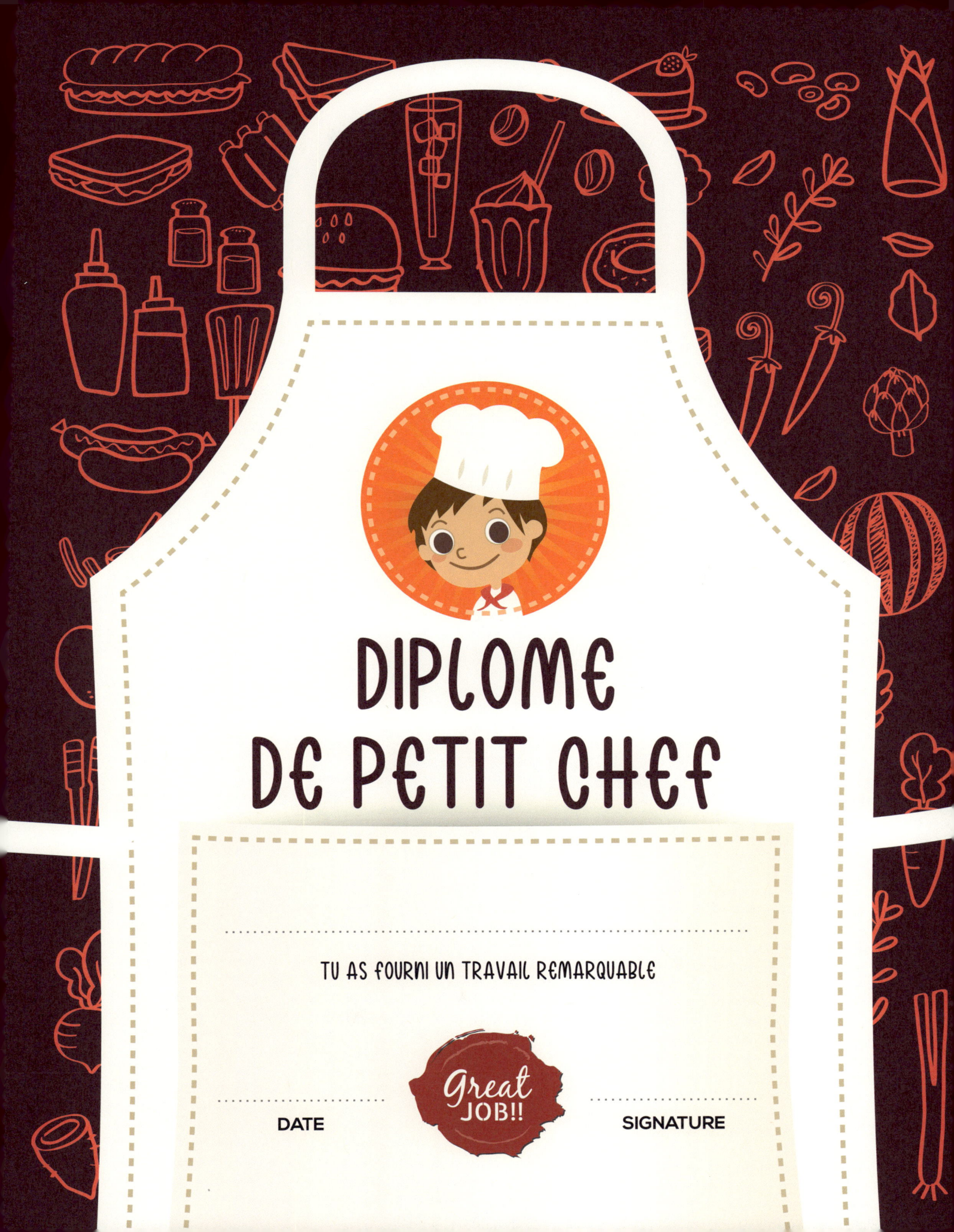

TU AS FOURNI UN TRAVAIL REMARQUABLE

Great JOB!!

DATE — SIGNATURE

N'hésitez surtout pas a laisser votre avis sur Amazon, afin de savoir si ce livre vous a été utile et si vous l'avez apprécié. Etant une jeune maison d'édition familiale, nous vous en serions extrêmement reconnaissants.

Mes remerciements sont nombreux car ils incarnent la nature profondément participative de cette publication de livre via son achat de votre part ainsi, si ce livre vous a été utile, n'hésitez pas a le partager a votre entourage.

Pensez a la quantité de gens que vous aiderez simplement avec ce commentaire et avec votre avis honnête a propos de ce livre.

Pour cela, il vous suffit de flasher le QR code juste en dessous pour atterrir directement sur l'espace commentaire Amazon du livre.

TIME COOKING EDITION

DÉCOUVREZ TOUTE NOTRE COLLECTION

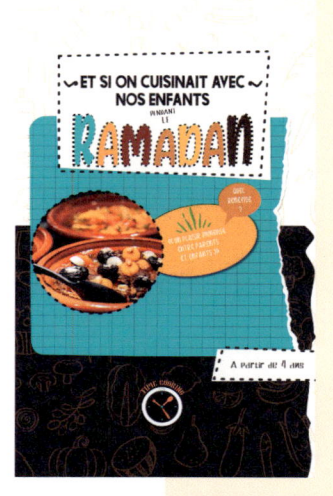

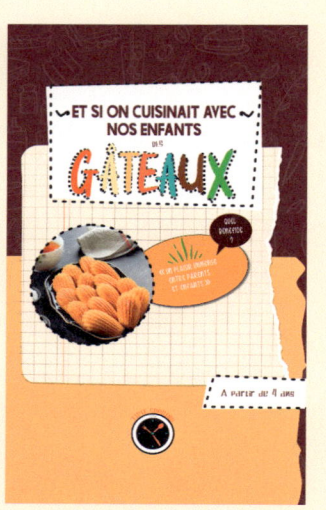

ET SI ON CUISINAIT AVEC NOS ENFANTS PENDANT LE RAMADAN

ET SI ON CUISINAIT AVEC NOS ENFANTS DES TAJINES

ET SI ON CUISINAIT AVEC NOS ENFANTS DU RIZ

ET SI ON CUISINAIT AVEC NOS ENFANTS DES GÂTEAUX

ET SI ON CUISINAIT AVEC NOS ENFANTS DES BURGERS

ET SI ON CUISINAIT AVEC NOS ENFANTS ...

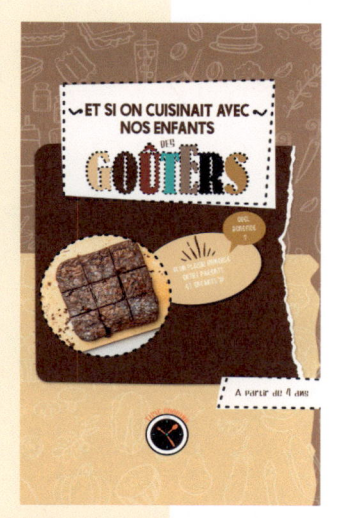

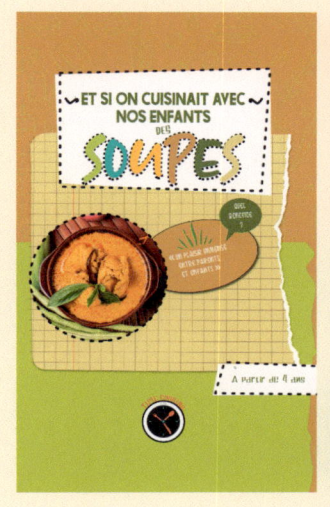

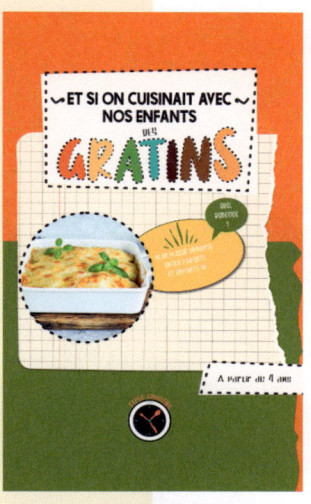

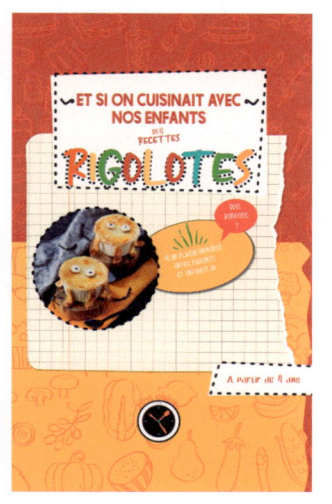

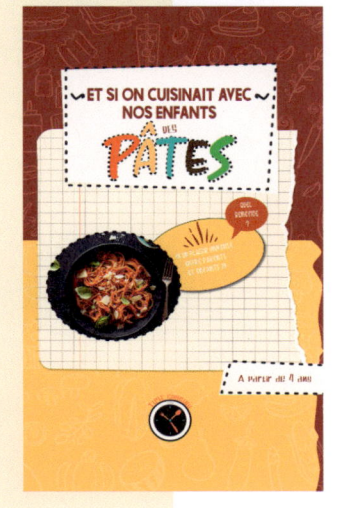

Printed in France by Amazon
Brétigny-sur-Orge, FR